Impressum
Verlag: BABADADA GmbH, Nedderfeld 112 , 22529 Hamburg
Geschäftsführer / Verlagsleitung: Harald Hof
Druck: Books on Demand GmbH, In de Tarpen 42, 22848 Norderstedt

Imprint
Publisher: BABADADA GmbH, Nedderfeld 112 , 22529 Hamburg, Germany
Managing Director / Publishing direction: Harald Hof
Print: Books on Demand GmbH, In de Tarpen 42, 22848 Norderstedt

בית ספר

школа

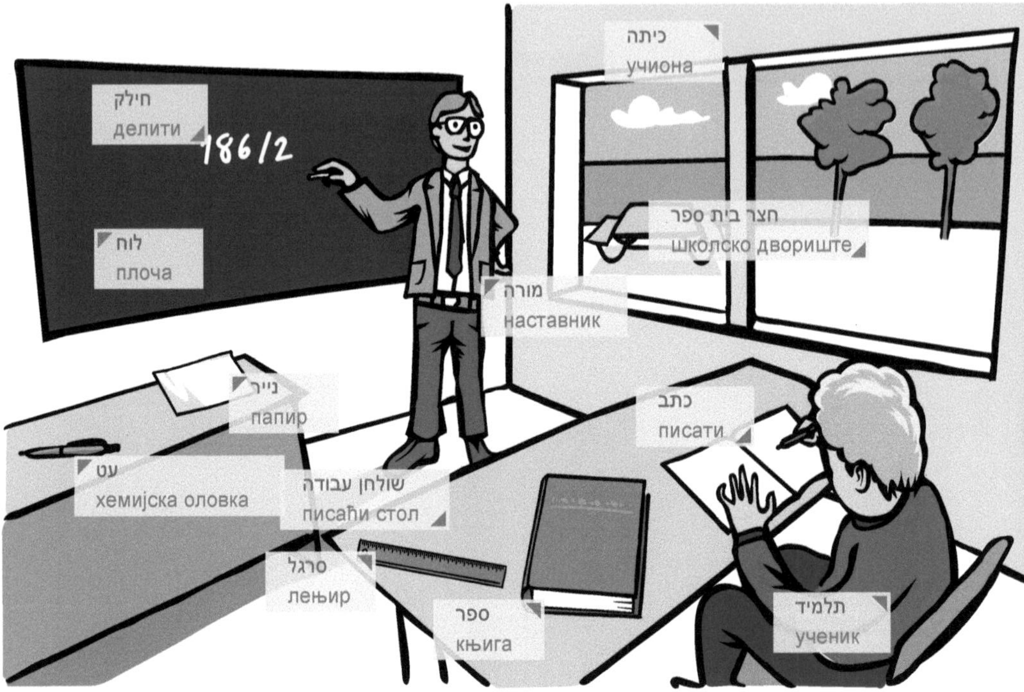

כיתה
учиона
חילק
делити
186/2
לוח
плоча
חצר בית ספר
школско двориште
מורה
наставник
נייר
папир
כתב
писати
עט
хемијска оловка
שולחן עבודה
писаћи стол
סרגל
лењир
ספר
књига
תלמיד
ученик

ילקוט

торба

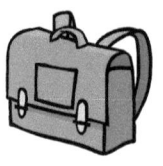

קלמר

перница

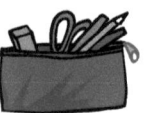

עיפרון

графитна оловка

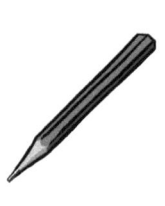

מחדד

шиљило за оловке

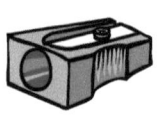

גומי מחיקה

гумица за брисање

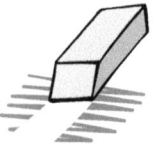

חוברת סרטוט

блок за цртање

סרטוט

цртеж

מברשת

кист

קופסת צבעים

кутија са бојама

מספריים

маказе

דבק

лепило

ספר תרגול

бележница

שיעור בית

домаћи задатак

מספר

број

חיבר

сабирати

חיסר

одузимати

הכפיל

множити

חישב

рачунати

אות

слово

ABCDEFG HIJKLMN OPQRSTU VWXYZ

אלפבית

абецеда

מילה

реч

טקסט

текст

קרא

читати

גיר

креда

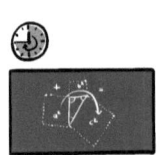

שיעור

час

יומן נוכחות

дневник

מבחן

испит

תעודה

сведочанство

תלבושת בית ספר

школска униформа

חינוך

образовање

אנציקלופדיה

лексикон

אוניברסיטה

универзитет

מיקרוסקופ

микроскоп

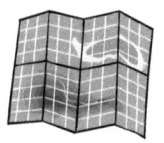

מפה

карта

סל נייר

кошара за папир

נסיעה

путовање

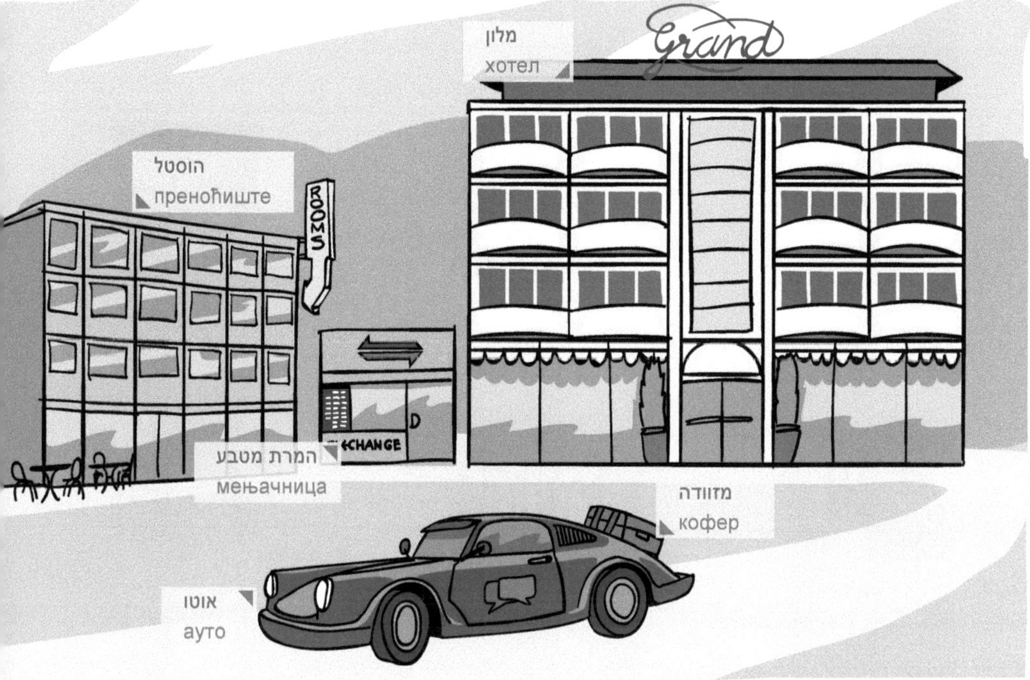

מלון
хотел
Grand
הוסטל
преноћиште
ROOMS
המרת מטבע
мењачница
מזוודה
кофер
אוטו
ауто

שפה

језик

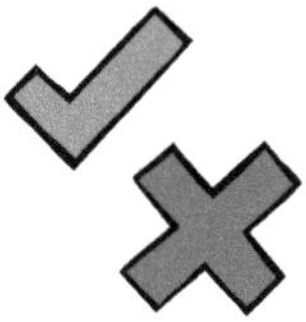

כן / לא

да / не

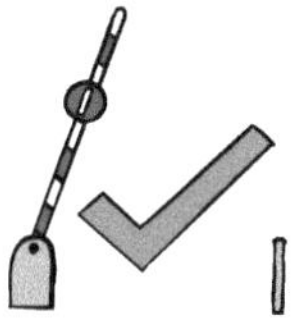

בסדר

океј

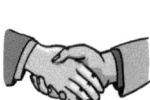

שלום

здраво

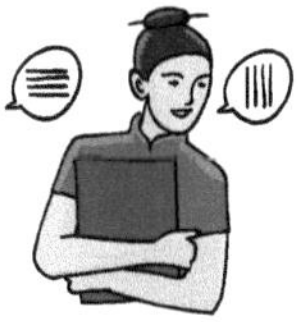

מתרגם

преводилац

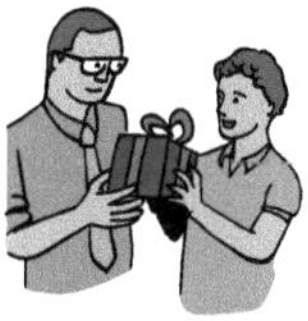

תודה

хвала

כמה עולה.....?

Колико кошта...?

אני לא מבין

не разумем

בעיה

проблем

ערב טוב!

добро вече!

בוקר טוב!

Добро јутро!

לילה טוב!

Лаку ноћ!

להתראות

довиђења

כיוון

смер

כבודה

пртљага

תיק

торба

תרמיל גב

руксак

אורח

гост

חדר

соба

שק שינה

вређа за спавање

אוהל

шатор

מרכז מידע לתיירים

туристичке информације

חוף ים

плажа

כרטיס אשראי

кредитна картица

ארוחת בוקר

доручак

ארוחת צהריים

ручак

ארוחת ערב

вечера

כרטיס

карта за вожњу

מעלית

лифт

בול

поштанска маркица

גבול

граница

מכס

царина

שגרירות

амбасада

אשרה

виза

דרכון

пасош

תחבורה

транспорт

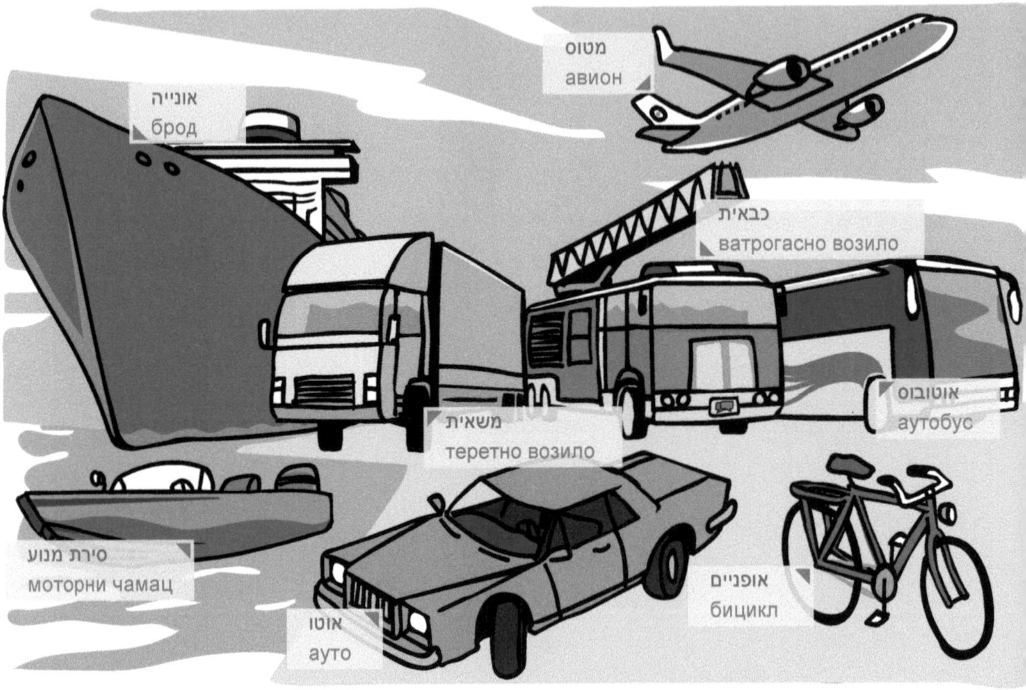
מטוס
авион
אונייה
брод
כבאית
ватрогасно возило
אוטובוס
аутобус
משאית
теретно возило
סירת מנוע
моторни чамац
אופניים
бицикл
אוטו
ауто

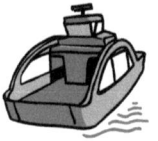

מעבורת

трајект

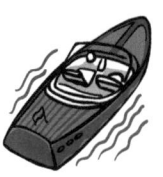

סירה

чамац

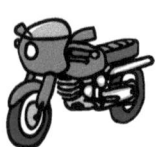

אופנוע

мотоцикл

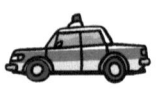

ניידת משטרה

полицијски ауто

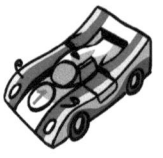

מכונית מרוץ

тркаћи ауто

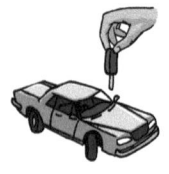

רכב שכור

изнајмљено ауто

מכוניות בשיתוף

дељење аутомобила

אוטו גרר

вучно возило

משאית זבל

возило за одвоз смећа

מנוע

мотор

דלק

бензин

תחנת דלק

бензинска станица

תמרור

саобраћајни знак

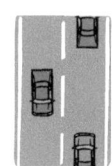

תנועה

саобраћај

פקק תנועה

застој

חניה

паркиралиште

תחנת רכבת

железничка станица

פסי רכבת

шине

רכבת

воз

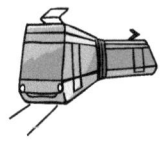

רכבת קלה

трамвај

קרון

вагон

מסוק

חליקופטר

שדה-תעופה

аеродром

מגדל

кула

נוסע

путник

קונטיינר

контејнер

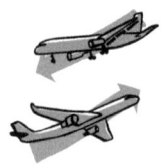

קרטון

картон

עגלה

колица

סל

корпа

המראה / נחיתה

узлетети / слетети

עיר

град

כפר

село

מרכז העיר

центар града

בית

кућа

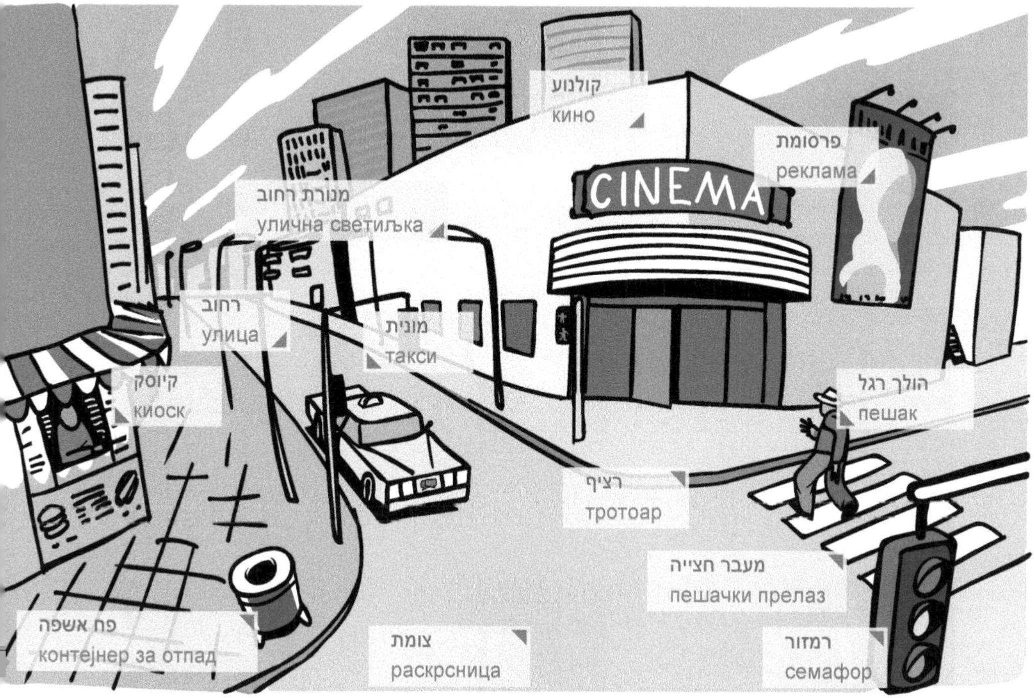

קולנוע
кино
CINEMA
פרסומת
реклама
מנורת רחוב
улична светиљка
רחוב
улица
מונית
такси
קיוסק
киоск
הולך רגל
пешак
רציף
тротоар
מעבר חצייה
пешачки прелаз
פח אשפה
контејнер за отпад
צומת
раскрсница
רמזור
семафор

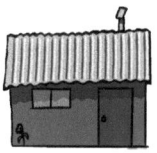

בקתה

колиба

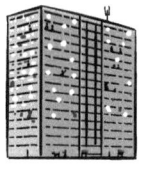

דירה

стан

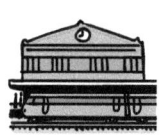

תחנת רכבת

железничка станица

עירייה

већница

MUSEUM

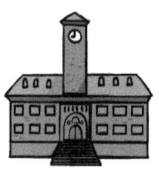

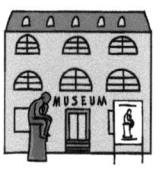

מוזיאון

музеј

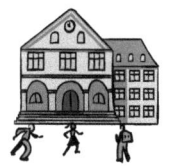

בית ספר

школа

אוניברסיטה

универзитет

בנק

банка

בית חולים

болница

מלון

хотел

בית מרקחת

апотека

משרד

канцеларија

חנות ספרים

књижара

חנות

продавница

חנות פרחים

цвећара

סופרמרקט

супермаркет

שוק

трг

כל-בו

робна кућа

מוכר דגים

рибарница

קניון

трговачки центар

נמל

лука

פארק

парк

ספסל

клупа

גשר

мост

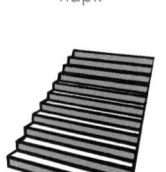

מדרגות

степенице

רכבת תחתית

подземна железница

מנהרה

тунел

תחנת אוטובוס

аутобуска станица

בר

бар

מסעדה

ресторан

תא דואר

поштанско сандуче

שלט רחוב

улични знак

מדחן

паркирни аутомат

גן חיות

зоолошки врт

בריכת שחיה

базен

מסגד

џамија

חווה

сеоско газдинство

זיהום

загађење околине

בית עלמין

гробље

כנסייה

црква

מגרש משחקים

игралиште

בית מקדש

храм

נוף

пејсаж

עלה
лист

תמרור
путоказ

דרך
пут

מרעה
ливада

אבן
камен

עץ
дрво

מטייל
шетач

נהר
река

דשא
трава

פרח
цвет

בקעה

долина

הר

планина

אגם

језеро

יער

шума

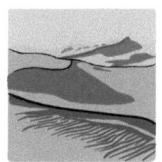

מדבר

пустиња

הר געש

вулкан

טירה

дворац

קשת בענן

дуга

פטריה

гљива

דקל

палма

יתוש

москито

זבוב

мува

נמלה

мрав

דבורה

пчела

עכביש

паук

חיפושית

буба

צפרדע

жаба

סנאי

веверица

קיפוד

јеж

ארנב

зец

ינשוף

сова

ציפור

птица

ברבור

лабуд

חזיר בר

дивља свиња

צבי

јелен

איל הקורא

лос

סכר

насип

טורבינת רוח

ветрењача

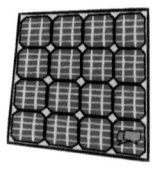

פנל סולארי

соларна плоча

אקלים

клима

מלצר
конобар

תפריט
јеловник

כסא
столица

מרק
супа

פיצה
пица

סכו"ם
прибор за јело

מפת שולחן
стољњак

מנת פתיחה

предјело

מנה עיקרית

главно јело

קינוח

десерт

שתיות

напитци

אוכל

јело

בקבוק

флаша

מסעדה - ресторан

17

מזון מהיר

брза храна

אוכל רחוב

имбис храна

קנקן תה

чајник

מסכרת

доза за шећер

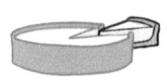

מנה

порција

מכונת אספרסו

апарат за еспресо

כסא תינוק

висока столица

חשבון

рачун

מגש

послужавник

סכין

нож

מזלג

виљушка

כף

кашика

כפית

чајна кашика

מפית

салвета

כוס

чаша

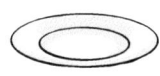

צלחת

тањир

קערת מרק

тањир за супу

תחתית

тањирић

רוטב

сос

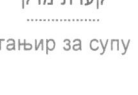

מלחייה

сољенка

מטחנת פלפל

млин за бибер

חומץ

сирће

שמן

уље

תבלינים

зачини

קטשופ

кечап

חרדל

сенф

מיונז

мајонеза

סופרמרקט
супермаркет

מבצע
понуда
FOR
לקוח
купац
מוצרי חלב
млечни производи
פירות
воће
עגלת קניות
колица за куповину

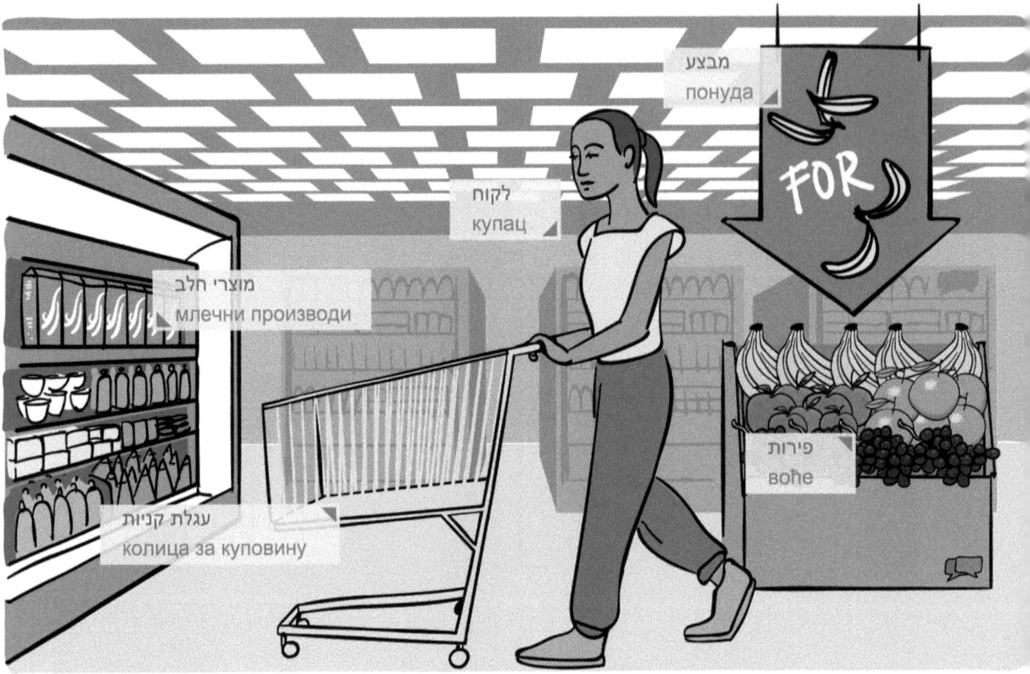

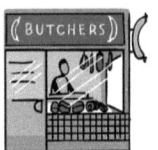

BUTCHERS

אטליז
месница

BAKERY

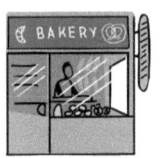

מאפייה
пекара

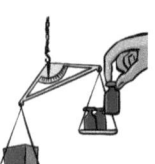

שקל
вагати

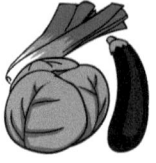

ירקות
поврће

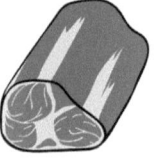

בשר
месо

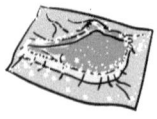

מזון קפוא
смрзнута храна

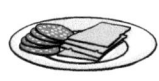

בשר קר

нарезак

שימורים

конзерве

אבקת כביסה

средство за прање

ממתקים

слаткиши

מוצרי בית

артикли за домаћинство

חומר ניקוי

средства за чишћење

מוכרת

продавачица

קופה

благајна

קופאי

благајник

רשימת קניות

листа за куповину

שעות פתיחה

време рада

ארנק

новчаник

כרטיס אשראי

кредитна картица

תיק

торба

שקית ניילון

пластична кеса

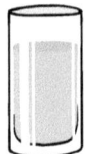

מים
вода

מיץ
сок

חלב
млеко

קולה
кола

יין
вино

בירה
пиво

אלכוהול
алкохол

קקאו
какао

תה
чај

קפה
кава

אספרסו
еспресо

קפוצ'ינו
капучино

בננה

банана

תפוח

jабука

תפוז

наранџа

אבטיח

лубеница

לימון

лимун

גזר

шаргарепа

שום

бели лук

במבוק

бамбус

בצל

лук

פטריות

гљива

אגוזים

орашасти плодови

אטריות

резанци

ספגטי
шпагете

אורז
рижа

סלט
салата

צ'יפס
помфрит

צ'יפס
печени кромпир

פיצה
пица

המבורגר
хамбургер

כריך
сендвич

שניצל
шницла

שינקין
шунка

סלאמי
салама

נקניקיה
кобасица

עוף
кокош

טיגון
печење

דג
риба

שיבולת שועל

зобене пахуљице

מוזלי

мусли

קורנפלקס

кукурузне пахуљице

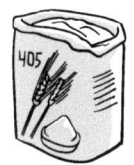

קמח

брашно

קרואסון

кроасан

לחמנייה

пециво

לחם

хлеб

טוסט

тоаст

עוגיות

кекси

חמאה

маслац

גבינה לבנה

свежи сир

עוגה

колач

ביצה

jaje

ביצת עין

jaje на око

גבינה

сир

גלידה

сладолед

סוכר

шећер

דבש

мед

ריבה

мармелада

ממרח נוגט

нугат крема

קארי

кари

חווה

сеоско газдинство

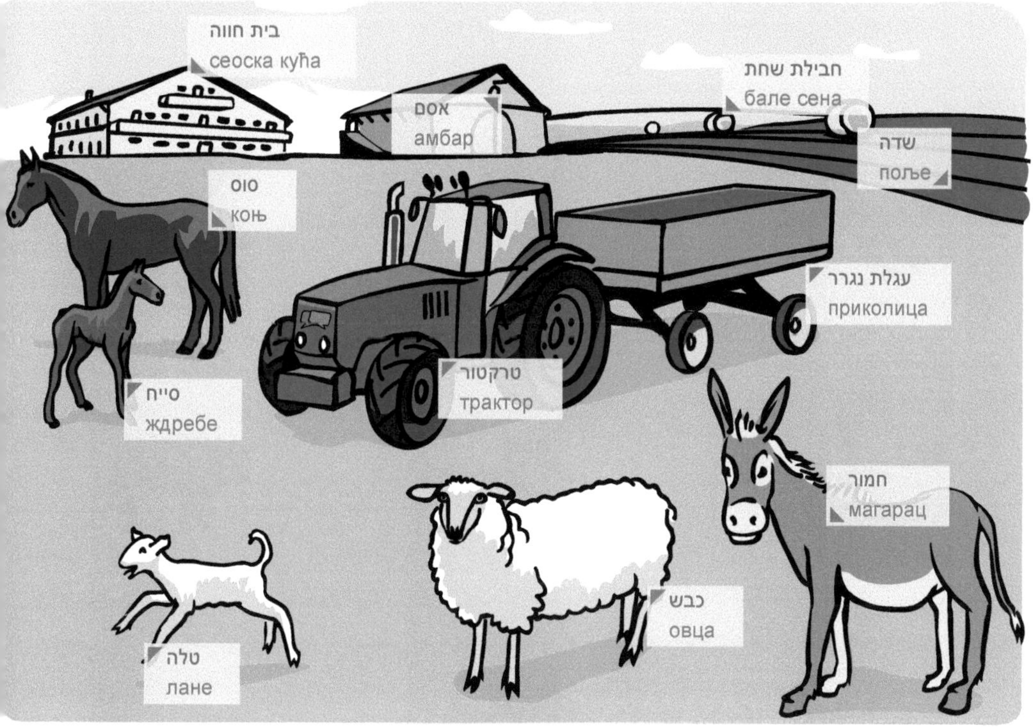

בית חווה
сеоска кућа
אסם
амбар
חבילת שחת
бале сена
שדה
поље
סוס
коњ
עגלת נגרר
приколица
טרקטור
трактор
סייח
ждребе
חמור
магарац
כבש
овца
טלה
лане

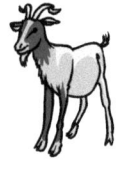

עז

коза

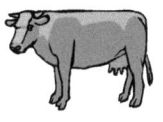

פרה

крава

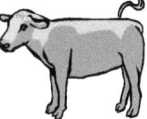

עגל

теле

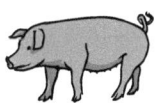

חזיר

свиња

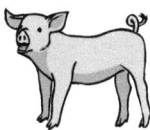

חזרזיר

прасе

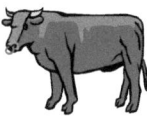

שור

бик

אווז

גוска

ברווז

патка

אפרוח

пилић

תרנגולת

кокош

תרנגול

петао

חולדה

пацов

חתול

мачка

עכבר

миш

שור

во

כלב

пас

מלונה

кућица за пса

צינור השקיה

вртно црево

קנקן מים

канта за поливање

חרמש

коса

מחרשה

плуг

מגל

срп

מגרפה

мотика

קלשון

виљушка за ђубриво

גרזן

секира

מריצה

тачке

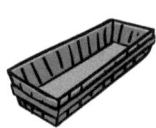

שוקת

корито

כד חלב

посуда за млеко

שק

врећа

גדר

ограда

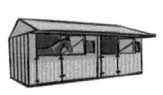

אורווה

штала

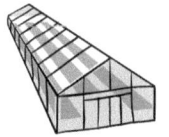

חממה

стакленик

אדמה

земља

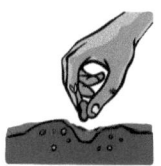

זרע

семе

דשן

ђубриво

מקצרה

комбајн

קָצַר

жети

קָצִיר

жетва

בטטה אפריקנית

jaмc зачин

חיטה

пшеница

סויה

соja

תפוח אדמה

крумпир

תירס

кукуруз

קנולה

уљана репица

עֵץ פירות

воħка

קסבה

гомољ маниоке

דגנים

житарице

בית

кућа

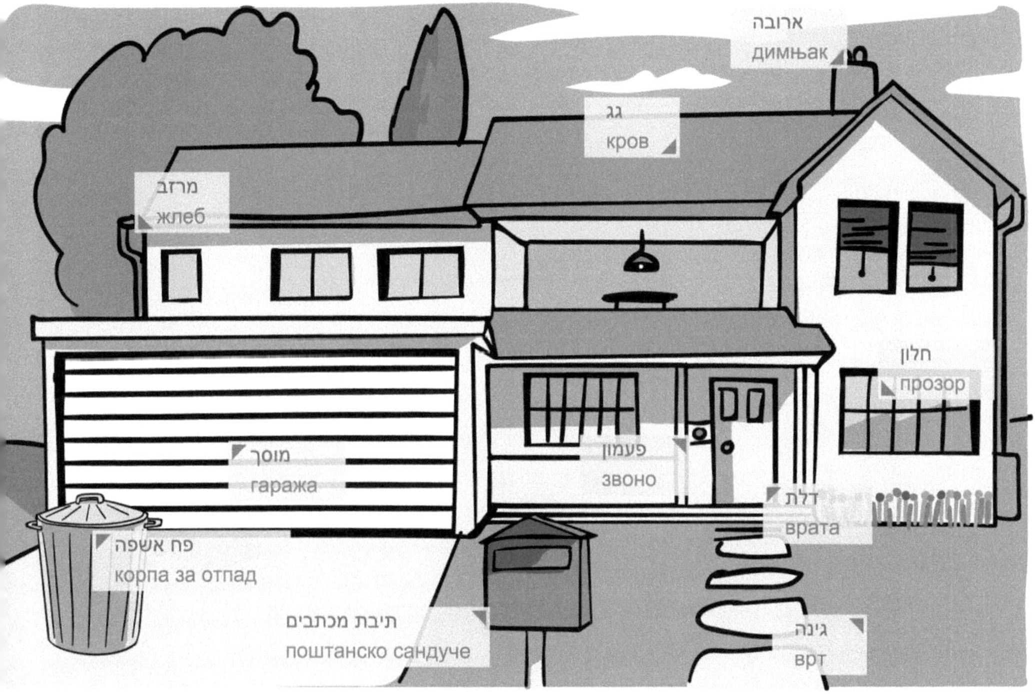
ארובה
димњак
גג
кров
מרזב
жлеб
חלון
прозор
מוסך
гаража
פעמון
звоно
דלת
врата
פח אשפה
корпа за отпад
תיבת מכתבים
поштанско сандуче
גינה
врт

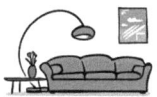

סלון

дневна соба

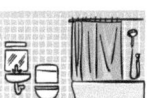

חדר אמבטיה

купаоница

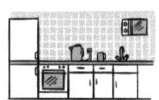

מטבח

кухиња

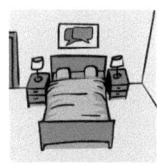

חדר שינה

спаваћа соба

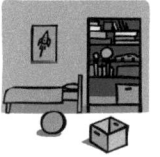

חדר ילדים

дечија соба

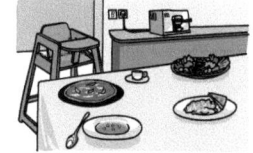

חדר אוכל

трпезарија

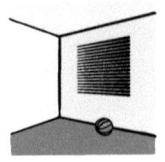

רצפה
....
под

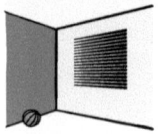

קיר
....
зид

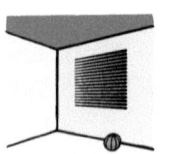

תקרה
....
строп

מרתף
....
подрум

סאונה
....
сауна

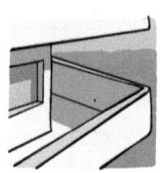

מרפסת
....
балкон

מרפסת
....
тераса

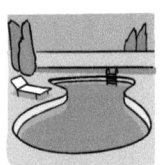

בריכה
....
базен

מכסחת דשא
....
косилица за траву

סדין
....
постељина за кревет

כיסוי מיטה
....
дека за кревет

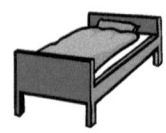

מיטה
....
кревет

מטאטא
....
метла

דלי
....
канта

מפסק
....
прекидач

סלון

дневна соба

טפט
тапета
תמונה
слика
מנורה
светиљка
מדף
регал
ארון
ормар
טלוויזיה
телевизија
אח
камин
פרח
цвет
כרית
јастук
ספה
кауч
אגרטל
ваза
שלט רחוק
даљински управљач

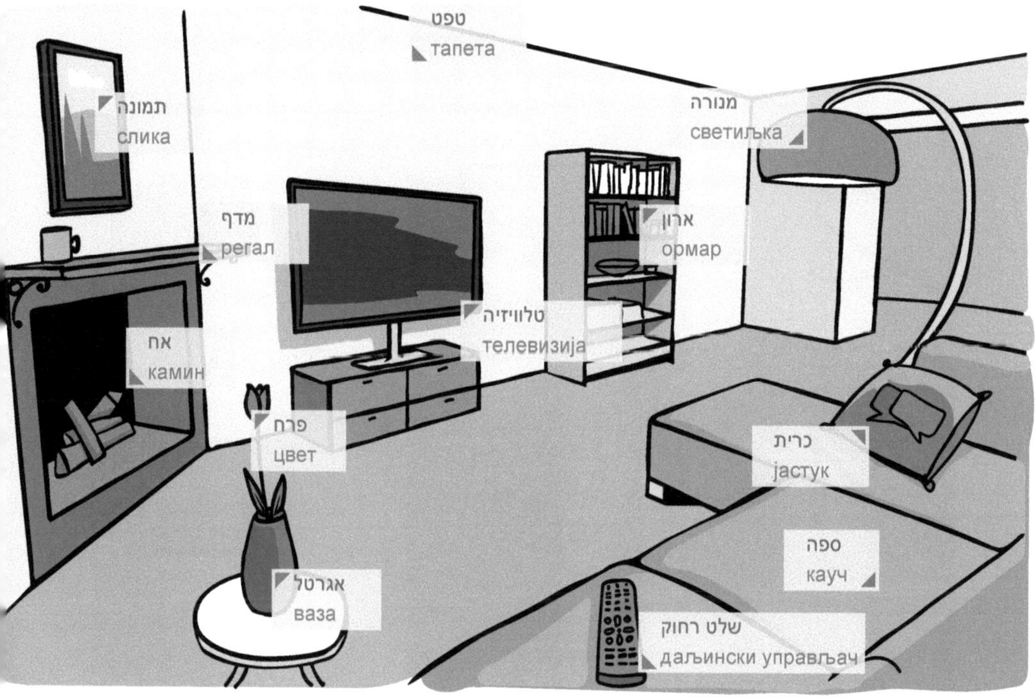

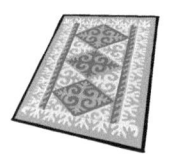

שטיח

тепих

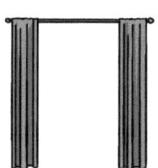

וילון

завеса

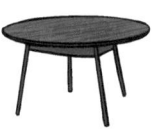

שולחן

сто

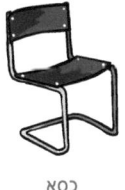

כסא

столица

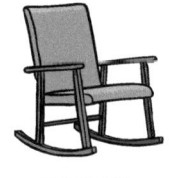

כיסא נדנדה

столица за њихање

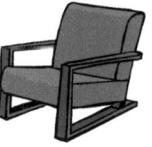

כורסה

фотеља

ספר

књига

שמיכה

дека

דקורציה

декорација

עצי הסקה

дрво за огрев

סרט

филм

מערכת סטריאו

хи-фи уређај

מפתח

кључ

עיתון

новине

ציור

слика на платну

פוסטר

постер

רדיו

радио

מחברת

блок за писање

שואב אבק

усисивач

קקטוס

кактус

נר

свећа

מטבח
кухиња

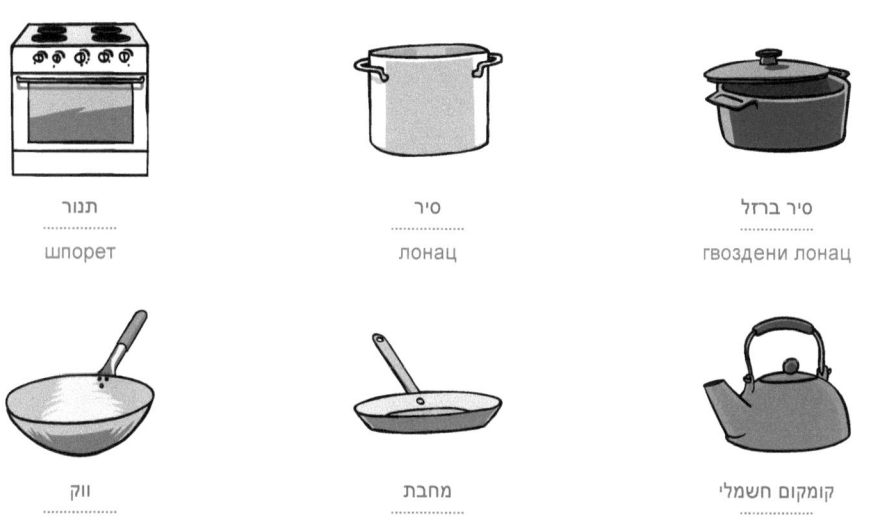

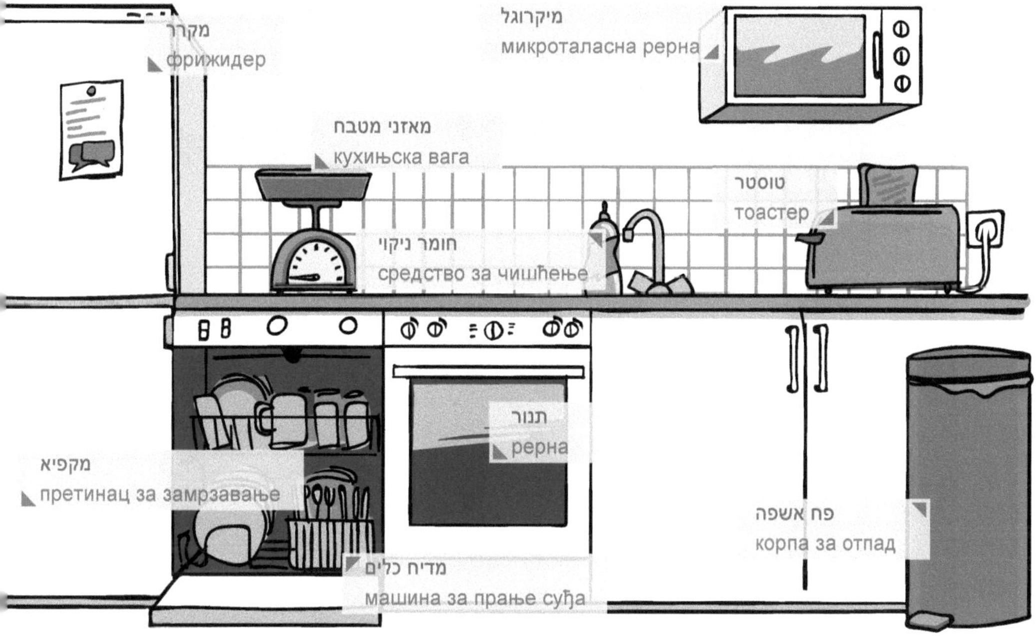

מקרר
фрижидер
מיקרוגל
микроталасна рерна
מאזני מטבח
кухињска вага
טוסטר
тоастер
חומר ניקוי
средство за чишћење
תנור
рерна
מקפיא
претинац за замрзавање
פח אשפה
корпа за отпад
מדיח כלים
машина за прање суђа

תנור

шпорет

סיר

лонац

סיר ברזל

гвоздени лонац

ווק

вок / кадаи

מחבת

тава

קומקום חשמלי

кувало за воду

מאדה

кувало на пару

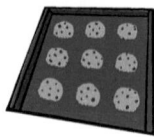

מגש אפייה

лим за печење

כלי אוכל

посуђе

ספל

чаша

קערה

посуда

צ'ופסטיקס

штапићи за јело

מצקת

кутлача

מרית

лопатица

מטרפה

пењача

מסננת בישול

сито за кување

מסננת

сито

מגרדת

рибеж

מכתש

мужар

גריל

роштиљ

מדורה

огњиште

קרש חיתוך

даска

מערוך

оклагија

פותחן פקקים

вадичеп

פחית

конзерва

פותחן קופסאות

отварач конзерви

מטלית

крпа за лонац

כיור

судопер

מברשת

четка

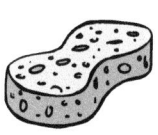

ספוג

сунђер

בלנדר

миксер

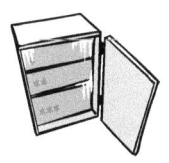

מקפיא

замрзивач

בקבוק לתינוק

флашица за бебе

ברז

славина за воду

חדר אמבטיה

купаоница

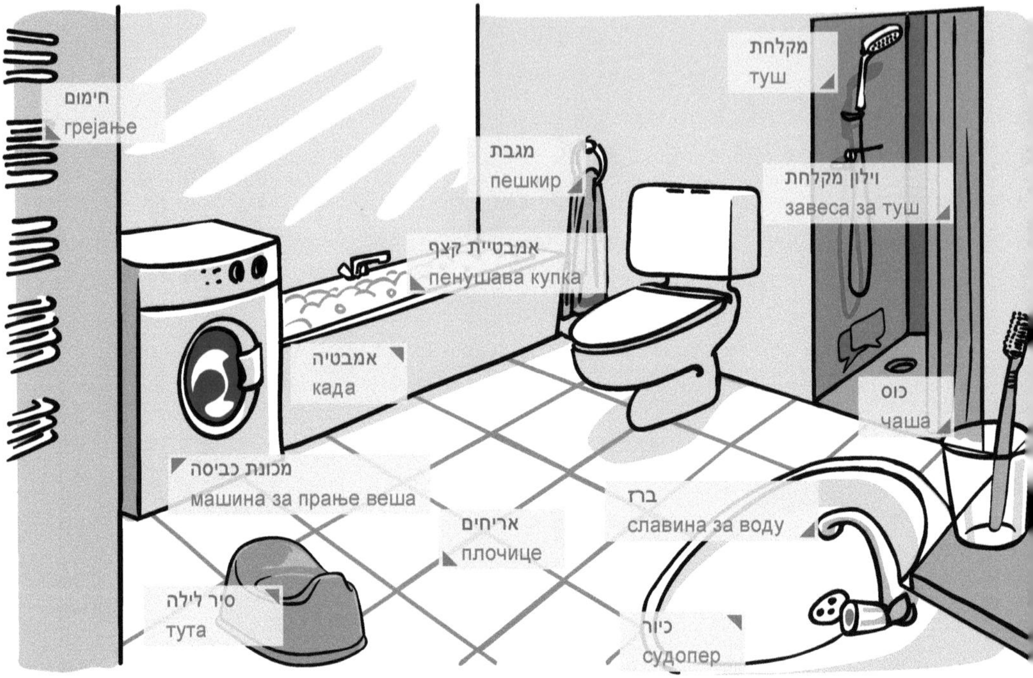

חימום
грејање
מגבת
пешкир
מקלחת
туш
וילון מקלחת
завеса за туш
אמבטיית קצף
пенушава купка
אמבטיה
када
כוס
чаша
מכונת כביסה
машина за прање веша
ברז
славина за воду
אריחים
плочице
סיר לילה
тута
כיור
судопер

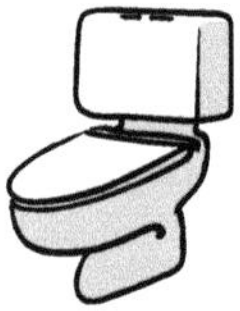

אסלה

тоалет

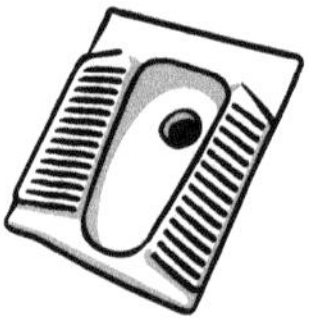

אסלת כריעה

чучавац

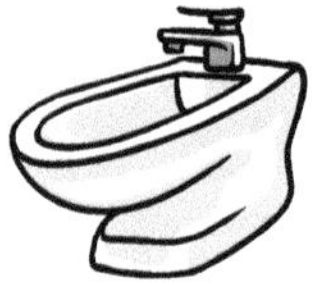

בידה

бидет

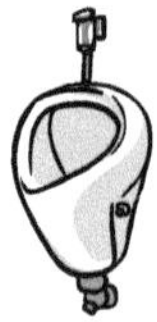

משתנה

писоар

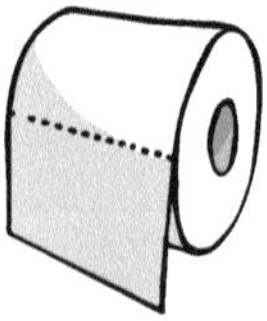

נייר טואלט

тоалетни папир

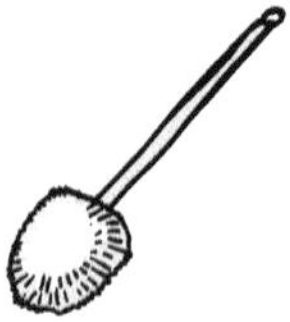

מברשת אסלה

четка за тоалет

מברשת שיניים

четкица за зубе

משחת שיניים

паста за зубе

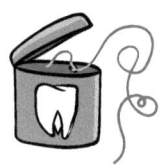

חוט דנטלי

конац за зубе

שטף

прати

מקלחת יד

туш ручица

צינור שטיפה לשירותים

туш за прање интимних делова

קערת רחצה

лавор

מברשת גב

четка за прање леђа

סבון

сапун

ג'ל רחצה

гел за туширање

שמפו

шампон

ליפה

крпа за прање

ניקוז

одвод

קרם

крема

דיאודורנט

дезодоранс

מראה

огледало

מראת יד

козметичко огледало

סכין גילוח

бријач

קצף גילוח

пена за бријање

אפטרשייב

лосион за после бријања

מסרק

чешаљ

מברשת

четка

מייבש שיער

фен за косу

ספריי לשיער

спреј за косу

איפור

шминка

שפתון

руж за усне

לק

лак за нокте

צמר גפן

вата

מספריים לציפורניים

маказе за нокте

בושם

парфем

תיק כלי רחצה

козметичка торбица

שרפרף

столица

משקל

вага

חלוק רחצה

огртач

כפפות גומי

рукавице за чишћење

טמפון

тампон

תחבושת סניטרית

уложак

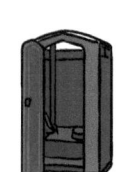

שירותים כימיקליים

хемијски тоалет

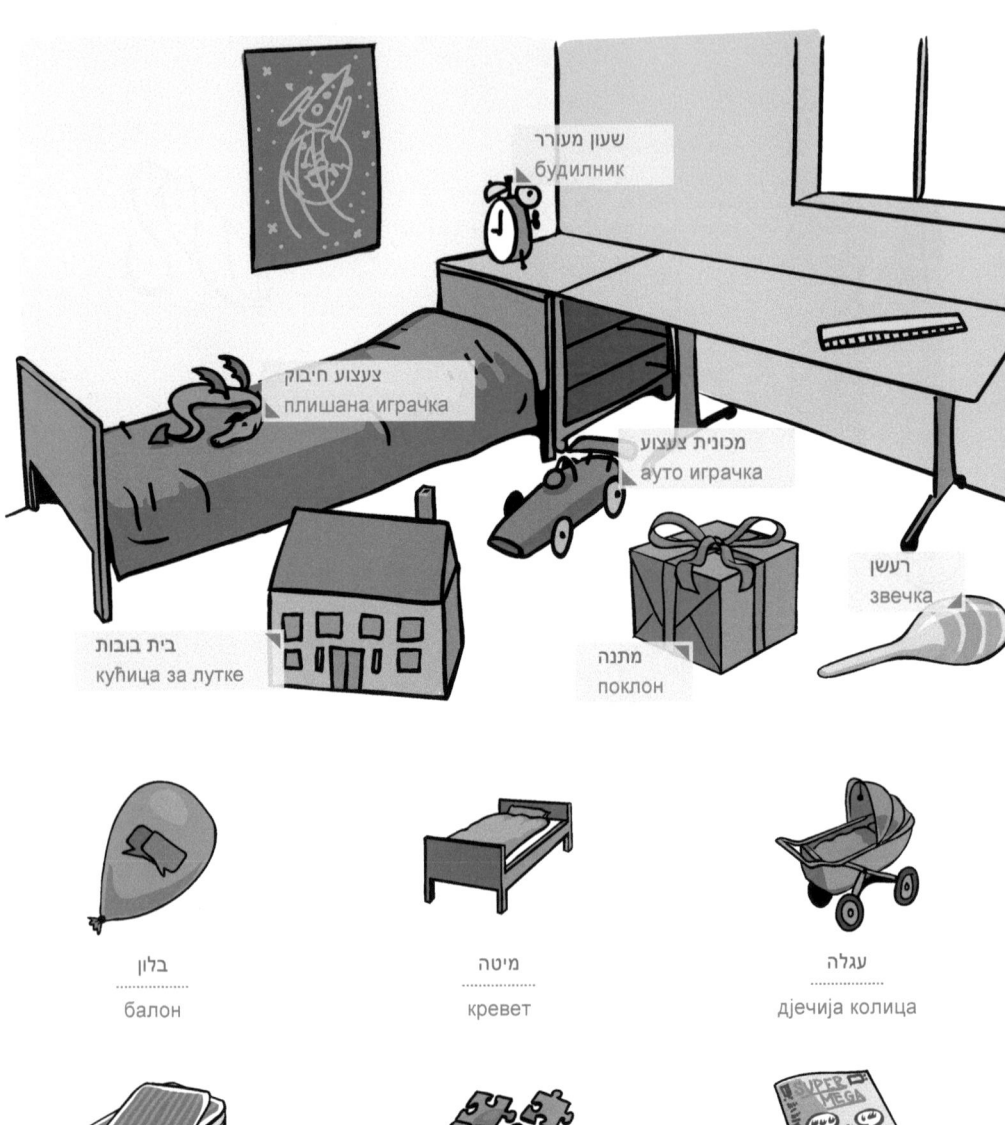

שעון מעורר
будилник

צעצוע חיבוק
плишана играчка

מכונית צעצוע
ауто играчка

רעשן
звечка

בית בובות
кућица за лутке

מתנה
поклон

בלון
балон

מיטה
кревет

עגלה
дјечија колица

משחק קלפים
игра са картама

פאזל
слагалица

קומיקס
стрип

לגו

лего коцкице

קוביות משחק

коцкице за слагање

דמות משחק

акциони јунак

סרבל תינוקות

бенкица за бебе

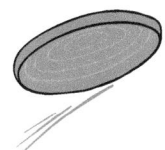

פריזבי

фризби

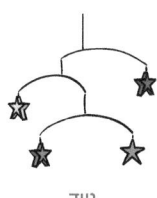

נייד

висеће играчке

משחק לוח

друштвене игре

קוביה

коцка

רכבת צעצוע

минијатурна жељезница

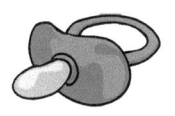

מוצץ

дуда

מסיבה

забава

אלבום תמונות

сликовница

כדור

лопта

בובה

лутка

שיחק

играти

ארגז חול

пешчаник

נדנדה

љуљачка

צעצועים

играчка

קונסולת משחקים

конзола за игре

אופניים תלת גלגלי

трицикл

דובון

теди

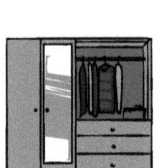

ארון בגדים

ормар

בגדים

odeća

גרביים

кратке чарапе

גרביונים

чарапе

גרביון

хулахопке

צעיף
шал

מטריה
кишобран

חולצת טי
мајица

חגורה
каиш

מגפיים
чизме

נעלי בית
папуче

נעלי ספורט
патике

סנדלים
....
сандале

נעליים
....
ципеле

מגפי גומי
....
гумене чизме

תחתונים
....
гаћице

חזייה
....
грудњак

גופ
....
поткошуља

בגדים - одећа   45

גוף
....
боди

מכנסיים
....
панталоне

ג'ינס
....
фармерке

חצאית
....
сукња

חולצה מכופתרת
....
блуза

חולצה
....
кошуља

אפודה
....
џемпер

סוודר עם קפוצ'ון
....
џемпер с капуљачом

בלייזר
....
сако

ז'קט
....
јакна

מעיל
....
мантил

מעיל גשם
....
кабаница

תלבושת
....
костим

שמלה
....
хаљина

שמלת כלה
....
венчаница

חליפה

одело

כותונת לילה

спаваћица

פיג'מה

пиџама

סארי

сари

מטפחת ראש

марама за главу

טורבן

турбан

בורקה

бурка

קאפטן

кафтан

עבאיה

абаја

בגד ים

купаћи костим

בגד ים

купаће гаћице

מכנסיים קצרים

кратке панталоне

בגד אימון

одећа за тренинг

סינר

кецеља

כפפות

рукавице

כפתור

дугме

משקפיים

наочаре

צמיד יד

наруквица

שרשרת

огрлица

טבעת

прстен

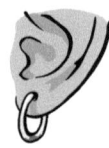

עגיל

наушница

כובע

капа

קולב

вешалица

כובע

шешир

עניבה

кравата

רוכסן

патент затварач

קסדה

кацига

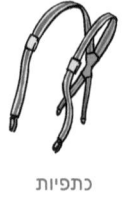

כתפיות

нараменице

תלבושת בית ספר

школска униформа

מדים

униформа

מפית אוכל

подбрадак

מוצץ

дуда

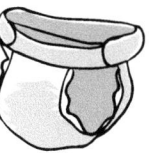

חיתול

пелена

משרד

канцеларија

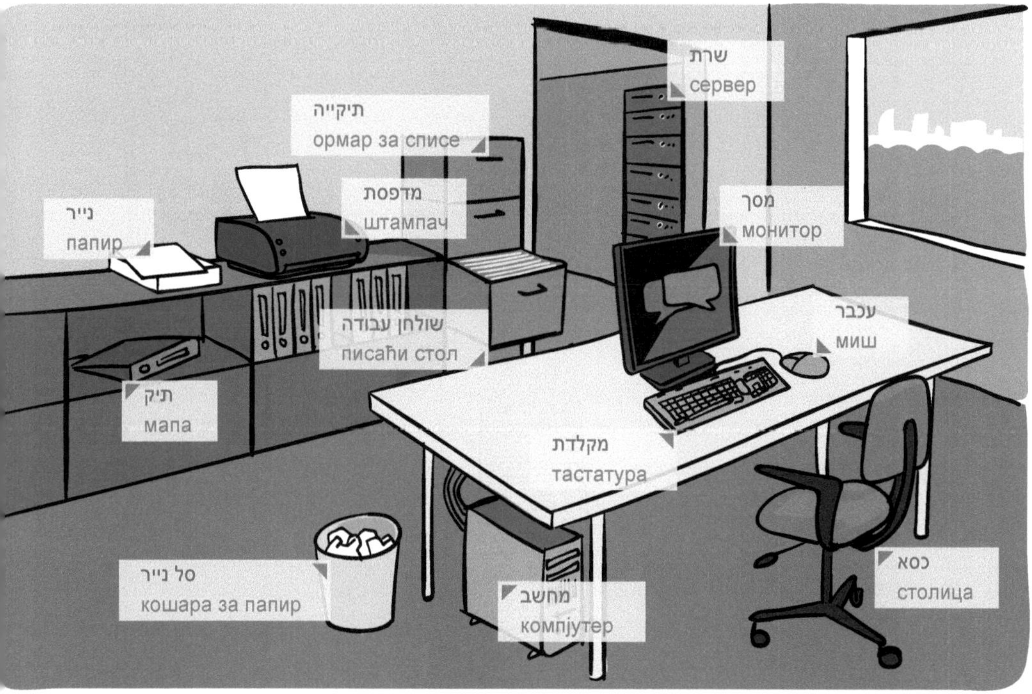

שרת
сервер

תיקייה
ормар за списе

מדפסת
штампач

מסך
монитор

נייר
папир

שולחן עבודה
писаћи сто

עכבר
миш

תיק
мапа

מקלדת
тастатура

סל נייר
кошара за папир

מחשב
компјутер

כסא
столица

ספל קפה

шалица за каву

מחשבון

калкулатор

אינטרנט

интернет

מחשב נייד
лаптоп

מכתב
писмо

הודעה
порука

נייד
мобилни телефон

רשת
мрежа

מכונת צילום
уређај за копирање

תוכנה
софтвер

טלפון
телефон

שקע
утичница

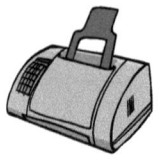

פקס
факс

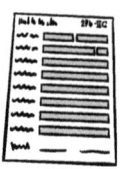

טופס
формулар

מסמך
документ

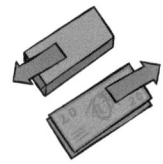

קנה
....
куповати

שילם
....
платити

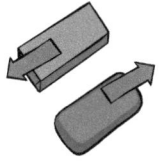

סחר
....
трговати

כסף
....
новац

דולר
....
долар

יורו
....
евро

יין
....
јен

רובל
....
рубља

פרנק שווייצרי
....
швајцарски франак

יואן רנמינבי
....
ренминдби јуан

רופי
....
рупија

כספומט
....
аутомат за новац

המרת מטבע

мењачница

זהב

злато

כסף

сребро

נפט

нафта

אנרגיה

енергија

מחיר

цена

חוזה

уговор

מס

порез

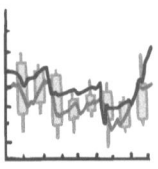

מנייה

деонице

עבד

радити

עובד

службеник

מעסיק

послодавац

מפעל

фабрика

חנות

продавница

מקצועות
занимања

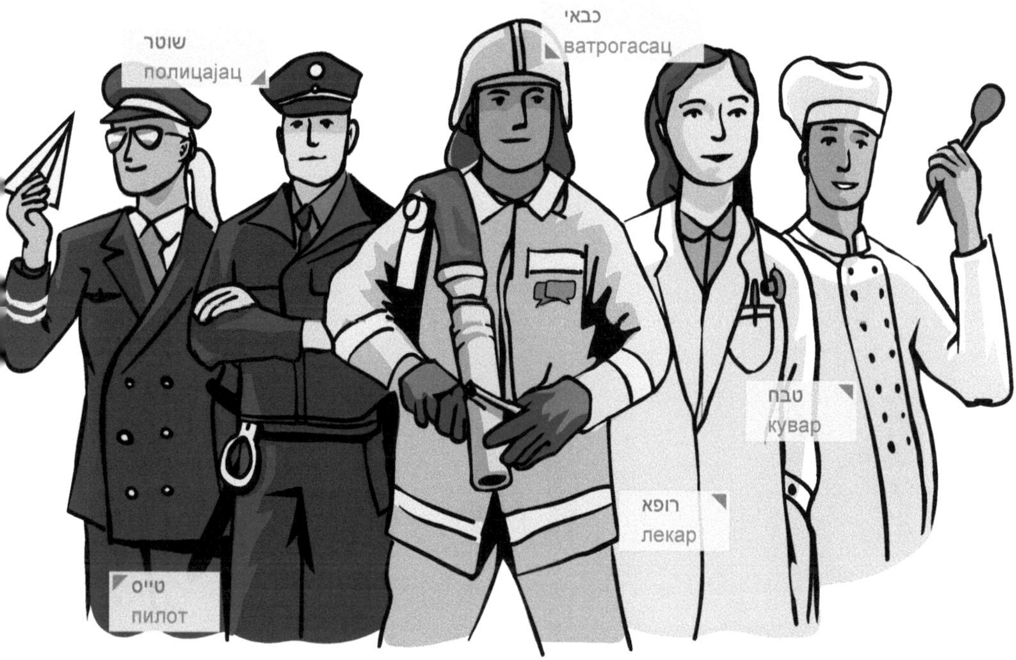

שוטר
полицајац
כבאי
ватрогасац
טבח
кувар
רופא
лекар
טייס
пилот

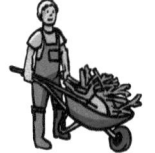

גנן
вртлар

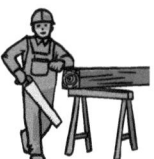

נגר
столар

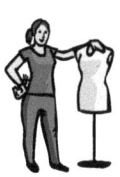

תופרת
кројачица

שופט
судија

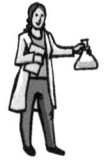

כימאי
хемичар

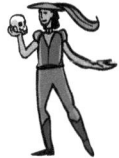

שחקן
глумац

נהג אוטובוס

возач аутобуса

נהג מונית

возач таксија

דייג

рибар

עובדת נקיון

чистачица

מתקן גגות

кровопокривач

מלצר

конобар

צייד

ловац

צייר

сликар

אופה

пекар

חשמלאי

електричар

עובד בניין

грађевински радник

מהנדס

инжењер

קצב

месар

אינסטלטור

лимар

דוור

поштар

חייל

војник

אדריכל

архитекта

קופאי

благајник

מוכר פרחים

цвећар

ספר

фризер

כרטיסן

кондуктер

מכונאי

механичар

קברניט

капетан

רופא שיניים

зубар

מדען

научник

רב

раби

אימאם

имам

נזיר

монах

כומר

свештеник

כלי עבודה
алати

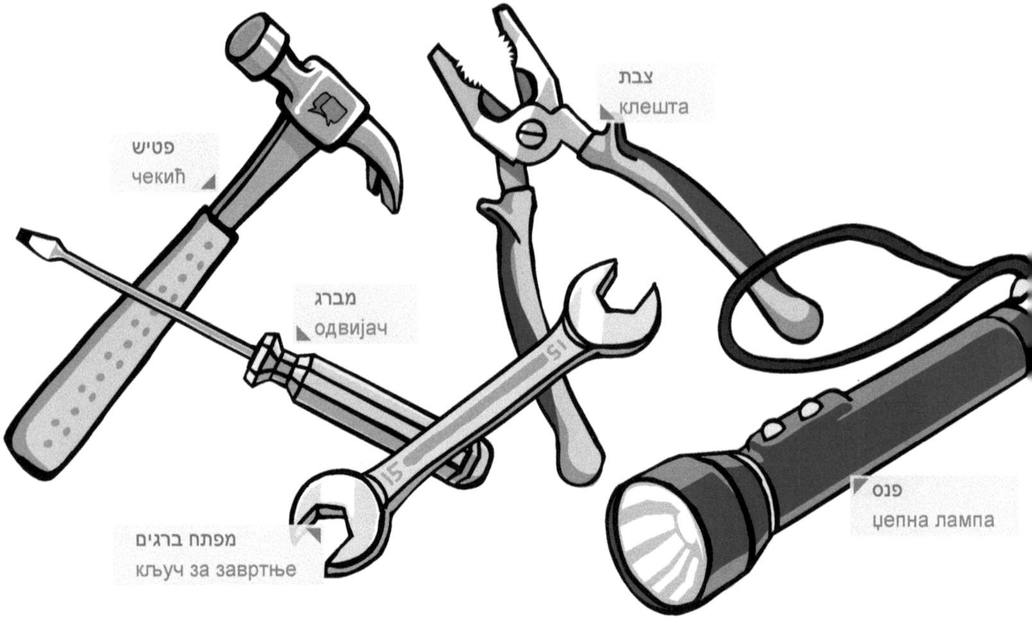
פטיש
чекић
צבת
клешта
מברג
одвијач
מפתח ברגים
кључ за завртње
פנס
џепна лампа

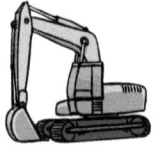

דחפור

багер

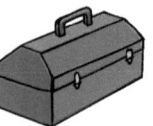

ארגז כלים

кутија за алат

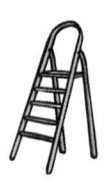

סולם

мердевине

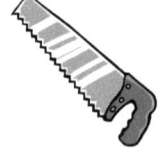

מסור

пила

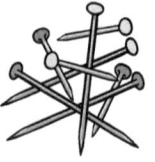

מסמרים

ексер

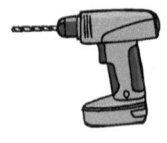

מקדחה

бушилица

תיקן

поправити

את חפירה

лопата

לעזאזל!

до ђавола!

יעה

лопатица

פח צבע

лонац за боју

ברגים

завртањи

כלי נגינה

музички инструмент

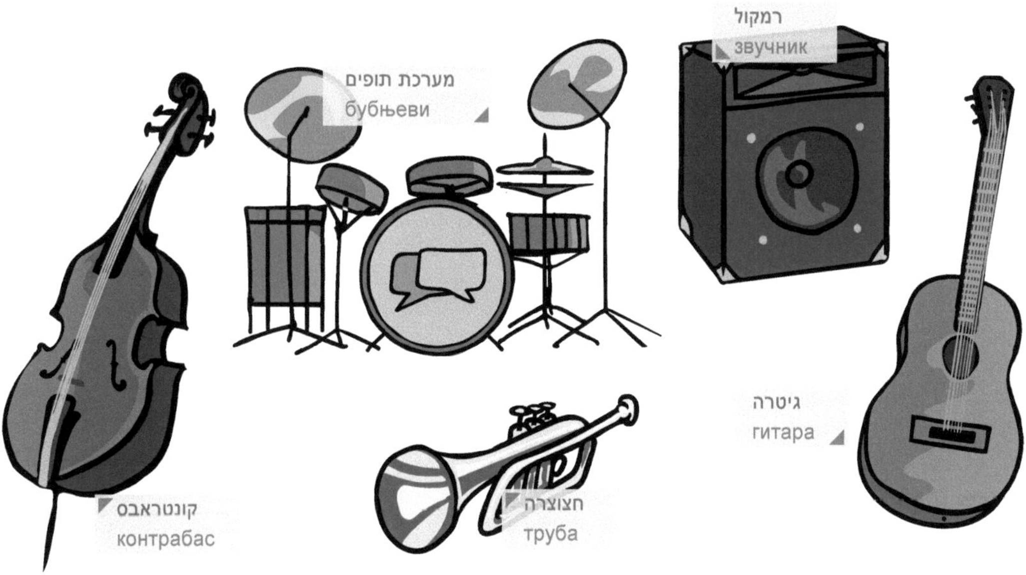

רמקול
звучник

מערכת תופים
бубњеви ◢

קונטראבס ◢
контрабас

חצוצרה
труба

גיטרה
гитара ◢

פסנתר

клавир

כינור

виолина

בס

бас

תוף הדוד

тимпани

תופים

удараљке за бубњеве

מקלדת פסנתר

типке клавира

סקסופון

саксофон

חליל

флаута

מיקרופון

микрофон

גן חיות

зоолошки врт

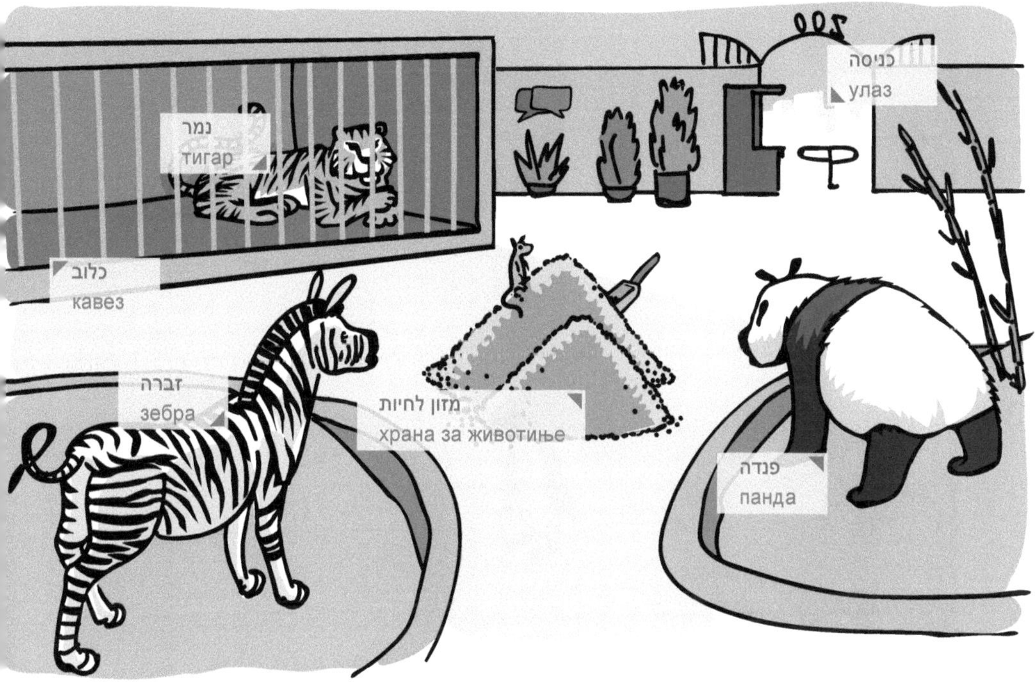

zoo
כניסה
улаз
נמר
тигар
כלוב
кавез
זברה
зебра
מזון לחיות
храна за животиње
פנדה
панда

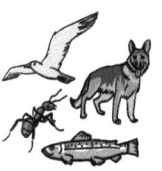

בעלי חיים
животиње

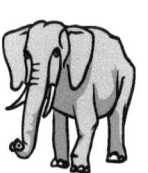

פיל
слон

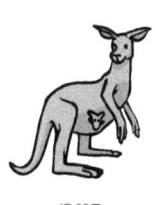

קנגרו
кенгур

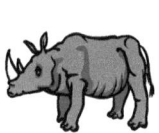

קרנף
носорог

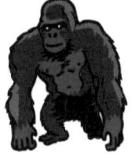

גורילה
горила

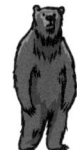

דוב
медвед

גמל

камила

יען

ној

אריה

лав

קוף

мајмун

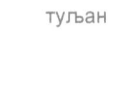

פלמינגו

фламинго

תוכי

папагај

דוב הקרח

поларни медвед

פינגווין

пингвин

כריש

ajкула

טווס

паун

נחש

змија

תנין

крокодил

שומר גן החיות

чувар у зоолошком врту

כלב ים

туљан

יגואר

jaryap

סוס פוני

пони

לאופרד

леопард

היפופוטאם

нилски коњ

ג'ירפה

жирафа

נשר

орао

חזיר בר

дивља свиња

דג

риба

צב

корњача

סוס ים

морж

שועל

лисица

איילה

газела

ספורט
спорт

פוטבול אמריקאי
амерички ногомет

רכיבת אופניים
бициклизам

טניס
тенис

כדורסל
кошарка

שחיה
пливање

אגרוף
бокс

הוקי
хокеј на леду

כדורגל
фудбал

בדמינטון
бадминтон

אתלטיקה
атлетика

כדור-יד
рукомет

עשה סקי
скијање

פולו
поло

קפץ
скочити

חיבק
загрлити

צחק
смејати се

הלך
ићи

שר
певати

התפלל
молити се

נשק
пољубити

חלם
сањати

כתב	צייר	הראה
писати	цртати	показати
דחף	נתן	לקח
гурати	дати	узети

יש / להיות הבעלים

имати

עשה

чинити

היה

бити

עמד

стојати

רץ

трчати

משך

повлачити

זרק

бацити

נפל

падати

שכב

лежати

חיכה

чекати

סחב

носити

ישב

седити

התלבש

облачити

ישן

спавати

התעורר

пробудити се

הסתכל ב-

гледати

בכה

плакати

ליטף

миловати

סירק

чешљати

דירר

говорити

הבין

разумети

שאל

питати

שמע

слушати

שתה

пити

אכל

јести

סידר

поспремити

אהב

волети

בישל

кухати

נהג

возити

עף

летети

שט

пловити

חישב

рачунати

קרא

читати

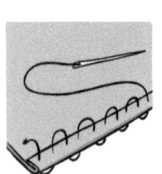

למד

учити

עבד

радити

התחתן

венчати се

תפר

шити

ציחצח שיניים

прати зубе

הרג

убити

עישן

пушити

שלח

послати

סבתא
бака

סבא
деда

אבא
отац

אימא
мајка

תינוק
беба

בת
ћерка

בן
син

אורח

гост

דודה

тетка

דוד

ујак, стриц

אח

брат

אחות

сестра

גוף

тело

מצח
чело
עין
око
כתף
раме
אצבע
прст
פנים
лице
סנטר
брада
כף יד
рука
רגל
нога
חזה
груди
זרוע
рука

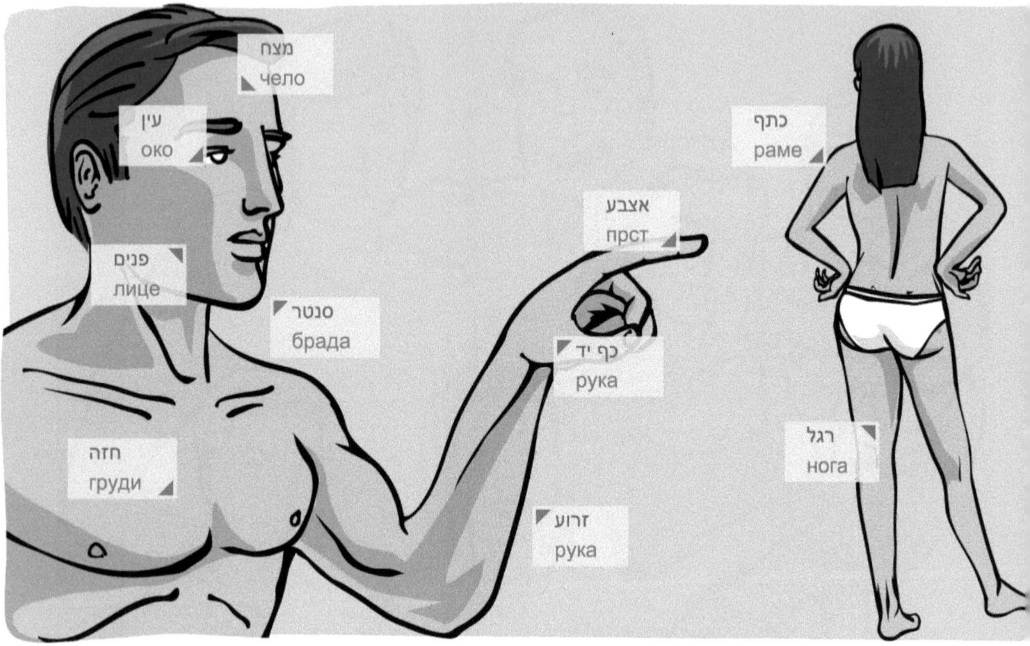

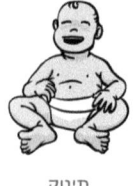

תינוק

беба

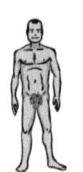

איש

мушкарац

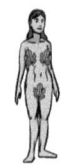

אישה

жена

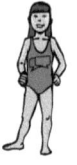

ילדה

девојчица

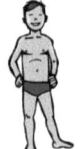

ילד

дечак

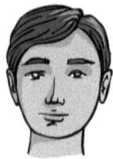

ראש

глава

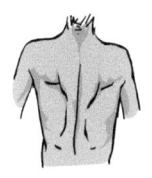

גב

леђа

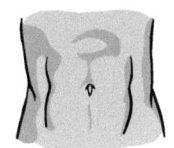

בטן

стомак

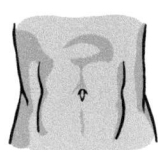

טבור

пупак

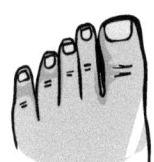

אצבע

ножни прст

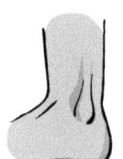

עקב

пета

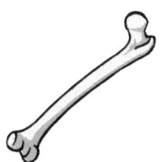

עצם

кост

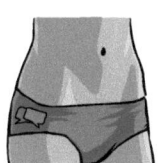

ירך

кукови

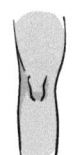

ברך

колено

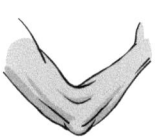

מרפק

лакат

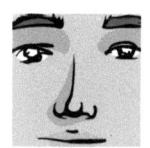

אף

нос

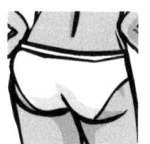

עכוז

задњица

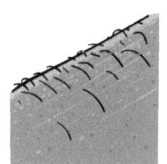

עור

кожа

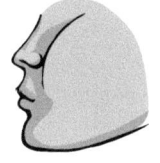

לחי

образ

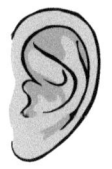

אוזן

уво

שפתיים

усна

פה

уста

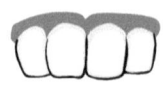

שן

зуб

לשון

језик

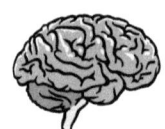

מוח

мозак

לב

срце

שריר

мишић

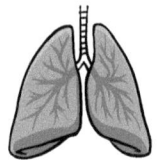

ריאה

плућа

כבד

јетра

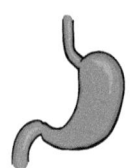

קיבה

желудац

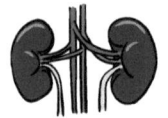

כליות

бубрези

מין

полни однос

קונדום

кондом

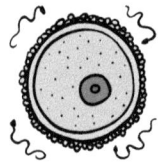

ביצית

јајна ћелија

זרע

сперма

הריון

трудноћа

גוף - тело

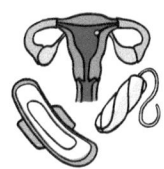

וסות
менструација

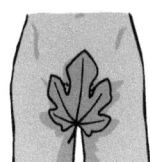

נרתיק
вагина

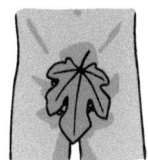

פין
пенис

גבה
обрва

שיער
коса

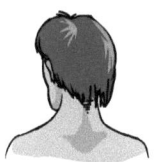

צוואר
врат

בית חולים
болница

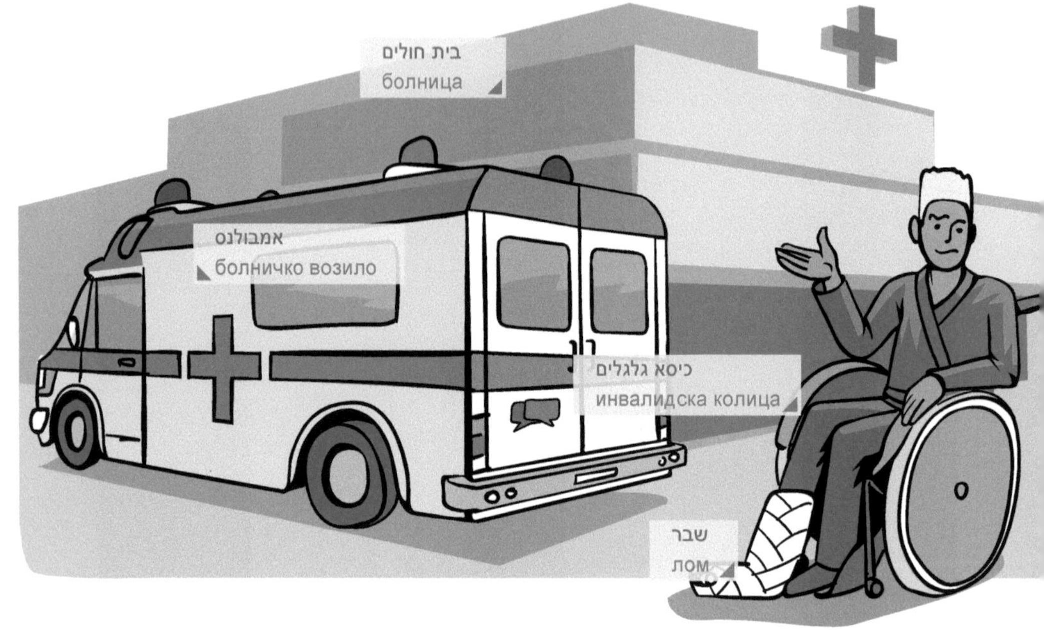

בית חולים
болница
אמבולנס
болничко возило
כיסא גלגלים
инвалидска колица
שבר
лом

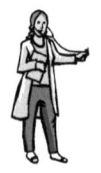

רופא
лекар

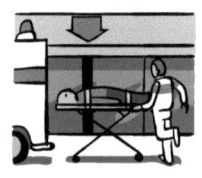

חדר מיון
хитна медицинска служба

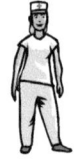

אחות
медицинска сестра

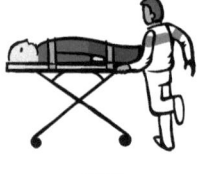

חירום
хитни случај

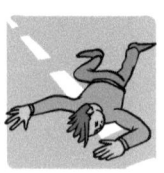

חסר הכרה
несвест

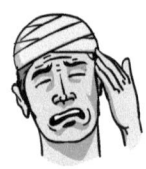

כאב
бол

פציעה

повреда

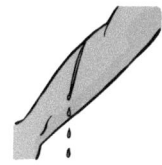

דימום

крварење

התקף לב

срчани удар

שבץ

удар

אלרגיה

алергија

שיעול

кашаљ

חום

грозница

שפעת

грипа

שלשול

пролив

כאב ראש

главобоља

סרטן

рак

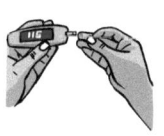

סוכרת

дијабетес

מנתח

хирург

אזמל

скалпел

ניתוח

операција

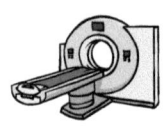

סי-טי

цт

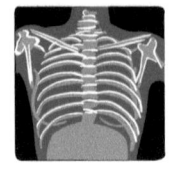

רנטגן

рентген

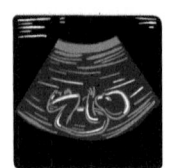

אולטרסאונד

ултразвук

מסיכת פנים

маска

מחלה

болест

חדר המתנה

чекаона

קבה

штака

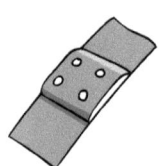

פלסטר

фластер

תחבושת

завој

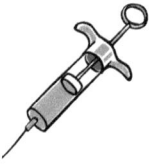

זריקה

инјекција

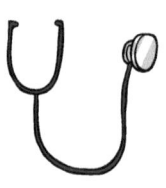

סטטוסקופ

стетоскоп

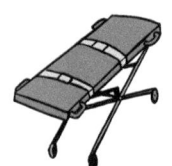

אלונקה

носила

מד חום

термометар

לידה

рођење

עודף משקל

прекомерна тежина

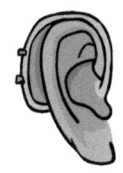

מכשיר שמיעה

слушни апарат

מחטא

средство за дезинфекцију

זיהום

инфекција

נגיף

вирус

איידס

хив / аидс

תרופה

медицина

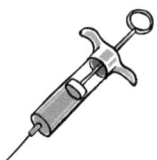

חיסון

вакцинација

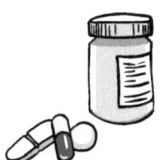

טבליות

таблете

גלולה

пилула

קריאת חירום

хитни позив

מד לחץ דם

уређај за мерење
притиска

חולה / בריא

болесно / здраво

הצילו!
помоћ!

אזעקה
аларм

פשיטה
насртај

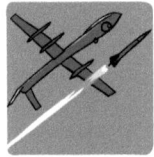

תקיפה
напад

סכנה
опасност

יציאת חירום
излаз у случају нужде

אש!
пожар!

מטף כיבוי
противпожарни апарат

תאונה
незгода

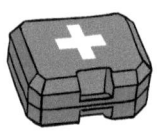

ערכת עזרה ראשונה
кутија прве помоћи

הצילו!
сос

משטרה
полиција

אירופה

Европа

צפון אמריקה

Северна Америка

דרום אמריקה

Јужна Америка

אפריקה

Африка

אסיה

Азија

אוסטרליה

Аустралија

האוקיינוס האטלנטי

Атлантик

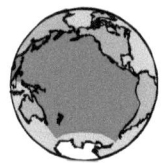

האוקיינוס השקט

Пацифик

האוקיינוס ההודי

Индијски океан

האוקיינוס האנטרקטי

Антарктички океан

האוקיינוס הארקטי

Арктички океан

הקוטב הצפוני

Северни рол

הקוטב הדרומי

Јужни рол

אנטארקטיקה

Антарктик

כדור הארץ

земља

אדמה

земља

ים

море

אי

оток

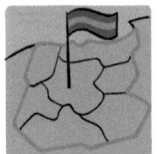

לאום

нација

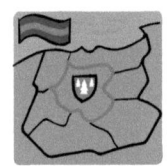

מדינה

држава

פני השעון

бројчаник сата

מחוג השעות

сатна казаљка

מחוג הדקות

минутна казаљка

מחוג השניות

секундна казаљка

מה השעה?

Колико је сати?

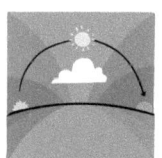

יום

дан

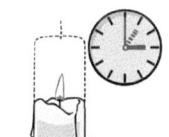

זמן

време

עכשיו

сада

שעון דיגיטלי

дигитални сат

דקה

минута

שעה

час

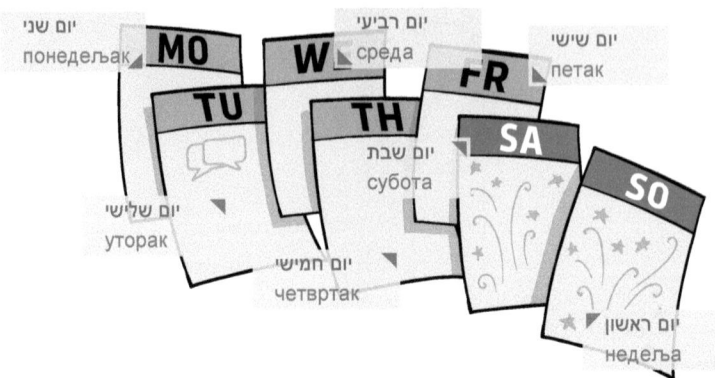

יום שני — понедељак — **MO**

יום רביעי — среда — **W**

יום שישי — петак — **FR**

TU

יום שלישי — уторак

יום חמישי — четвртак

TH

יום שבת — субота — **SA**

SO

יום ראשון — недеља

אתמול
....
jуче

היום
....
данас

מחר
....
сутра

בוקר
....
jутро

צהריים
....
подне

ערב
....
вече

ימי עבודה
....
радни дани

סוף שבוע
....
викенд

שנה

година

גשם
киша
קשת בענן
дуга
שלג
снег
רוח
ветар
אביב
пролеће
סתיו
јесен
קיץ
лето
חורף
зима

4.APRIL 11°
5.APRIL 4°
6.APRIL 13°
7.APRIL 8°
8.APRIL 10°

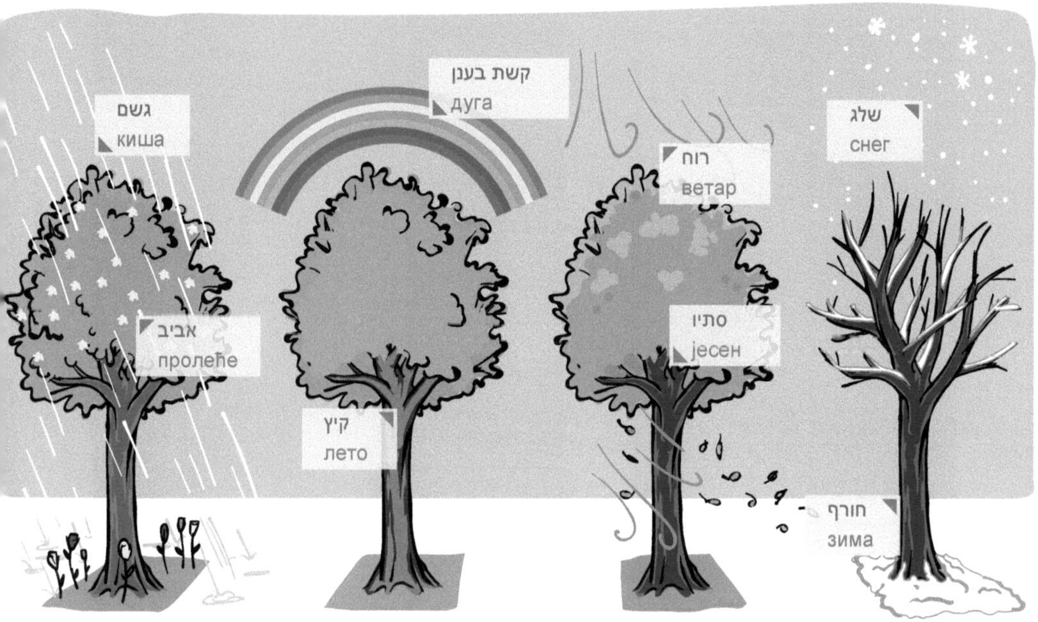

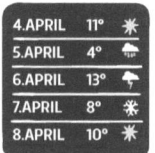

תחזית מזג האוויר

....

метеоролошка прогноза

F C
120 40
90 30
60 20
30 10
0 0
-30 -10
-20

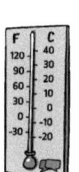

מד חום

....

термометар

אור שמש

....

сунчана светлост

ענן

....

облак

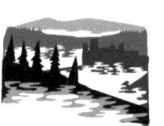

ערפל

....

магла

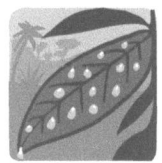

לחות

....

влажност ваздуха

ברק
....
муња

רעם
....
грмљавина

סערה
....
олуја

ברד
....
туча

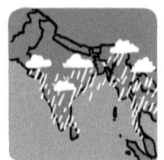

רוח עונתי
....
монсун

שיטפון
....
поплава

קרח
....
лед

ינואר
....
јануар

פברואר
....
фебруар

מרץ
....
март

אפריל
....
април

מאי
....
мај

יוני
....
јуни

יולי
....
јули

אוגוסט
....
август

שנה - година

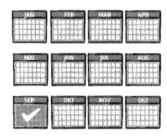

ספטמבר

септембар

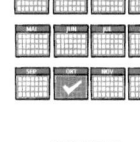

אוקטובר

октобар

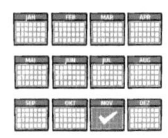

נובמבר

новембар

דצמבר

децембар

צורות

облици

עיגול

круг

מרובע

квадрат

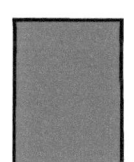

מלבן

правоугао

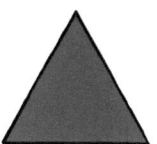

משולש

троугао

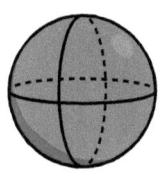

כדור

кугла

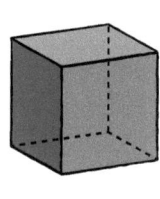

קובייה

коцка

לבן

бела

צהוב

жута

כתום

наранџаста

ורוד

ружичаста

אדום

црвена

סגול

љубичаста

כחול

плава

ירוק

зелена

חום

смеђа

אפור

сива

שחור

црна

הרבה / מעט

много / мало

כועס / רגוע

љутито / мирно

יפה / מכוער

лепо / ружно

התחלה / סוף

почетак / крај

גדול / קטן

велико / малено

בהיר / כהה

светло / тамно

אח / אחות

брат / сестра

נקי / מלוכלך

чисто / прљаво

שלם / חלקי

потпуно / непотпуно

יום /לילה

дан / ноћ

מת / חי

мртво / живо

רחב / צר

широко / уско

אכיל / לא אכיל

jестиво / неjестиво

רשע / טוב לב

зло / добро

מתרגש / משועמם

узбуђено / досадно

שמן / רזה

дебело / мршаво

ראשון / אחרון

на почетку / на краjу

חבר / אויב

приjатељ / неприjатељ

מלא / ריק

пуно / празно

קשה / רך

тврдо / мекано

כבד / קל

тешко / лагано

רעב / צמא

глад / жеђ

חולה / בריא

болесно / здраво

בלתי-חוקי / חוקי

илегално / легално

נבון / טיפש

паметно / глупо

שמאל / ימין

лево / десно

קרוב / רחוק

близу / далеко

חדש / משומש

ново / половно

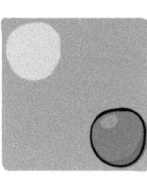

כלום / משהו

ништа / нешто

זקן / צעיר

старо / младо

פעיל / כבוי

укључено / искључено

פתוח / סגור

отворено / затворено

שקט / רועש

тихо / гласно

עשיר / עני

богато / сиромашно

נכון / שגוי

тачно / погрешно

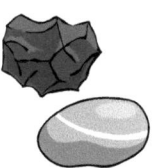

מחוספס / חלק

храпаво / глатко

עצוב / שמח

тужно / сретно

קצר / ארוך

кратко / дуго

איטי / מהיר

полако / брзо

רטוב / יבש

мокро / сухо

חם / קר

топло / хладно

מלחמה / שלום

рат / мир

0
אפס

нула

1
אחת

jедан

2
שתיים

два

3
שלוש

три

4
ארבע

четири

5
חמש

пет

6
שש

шест

7
שבע

седам

8
שמונה

осам

9
תשע

девет

10
עשר

десет

11
אחת-עשרה

jеданаест

12

שתים-עשרה

дванаест

13

שלוש-עשרה

тринаест

14

ארבע-עשרה

четрнаест

15

חמש-עשרה

петнаест

16

שש-עשרה

шестнаест

17

שבע-עשרה

седамнаест

18

שמונה-עשרה

осамнаест

19

תשע-עשרה

деветнаест

20

עשרים

двадесет

100

מאה

стотину

1.000

אלף

хиљаду

1.000.000

מיליון

милион

אנגלית

енглески

אנגלית אמריקאית

амерички енглески

סינית מנדרינית

мандарински кинески

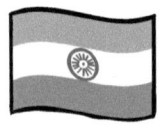

הודית

хиндски

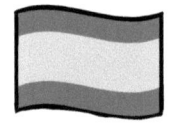

ספרדית

шпански

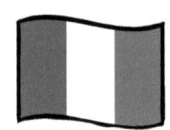

צרפתית

француски

ערבית

арапски

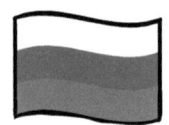

רוסית

руски

פורטוגזית

португалски

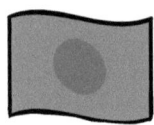

בנגלית

бенгалски

גרמנית

немачки

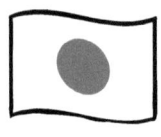

יפנית

japански

אני

ja

אתה / את

ти

הוא / היא / זה

он / она / оно

אנחנו

ми

אתם

ви

הם

они

מי?

Ко?

מה?

Шта?

איך?

Како?

איפה?

Где?

מתי?

Када?

שם

име

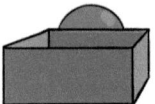

מאחור
....
иза

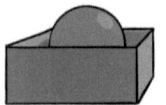

בתוך
....
у

לפני
....
испред

מעל
....
преко

על
....
на

מתחת
....
испод

ליד
....
поред

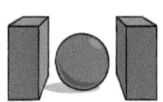

בין
....
између

מקום
....
место